RÉPUBLIQUE FRANÇAISE

LIBERTÉ — ÉGALITÉ — FRATERNITÉ

MAIRIE DU 1er ARRONDISSEMENT

DÉLÉGATION CANTONALE

RAPPORT

sur les modifications à introduire

DANS LE

QUESTIONNAIRE

SOUMIS AUX MÉDECINS INSPECTEURS DES ÉCOLES

Par une Commission composée de

MM. CORLIEU, DOUVILLE, YVON, DUBRISAY, Rapporteur

PARIS

IMPRIMERIE Vᵉ RENOU ET MAULDE

Rue de Rivoli, 144

1886

DÉLÉGATION CANTONALE

RAPPORT

Sur les modifications à introduire dans le Questionnaire soumis aux Médecins inspecteurs des Écoles, par une Commission composée de MM. CORLIEU, DOUVILLÉ, YVON, DUBRISAY, Rapporteur.

MESSIEURS,

Dans la dernière séance de la délégation cantonale, plusieurs d'entre vous ont présenté diverses critiques sur le questionnaire soumis par l'administration aux médecins inspecteurs des écoles. Ils ont fait remarquer que ce questionnaire ne visait que l'hygiène de l'école en tant que bâtiment, l'état sanitaire de l'établissement considéré à un point de vue général, et qu'il laissait presque de côté l'hygiène de l'enfant considéré individuellement.

Dans les instructions particulières remises entre les mains des inspecteurs, il est, il est vrai, notifié que deux fois par mois, au minimum, ils devront faire de chaque élève, un examen individuel et spécial, mais cet avis est à peu près platonique et manque de sanction, puisqu'il n'en est pas fait mention sur la feuille officielle qui est envoyée chaque quinzaine à la municipalité de l'arrondissement.

Vous avez pensé qu'il y avait lieu de prendre en considération les critiques qui vous avaient été présentées et vous nous avez chargés de préparer un projet de réforme, qui, si vous l'approuvez, serait ultérieurement transmis à l'Administration supérieure.

Après étude de la question, nous avons l'honneur de vous soumettre les propositions suivantes :

Le cadre du questionnaire, tel qu'il a été établi par l'Administration, oblige les médecins inspecteurs, qui se trouvent toujours en face des mêmes établissements, à un certain nombre de répétitions; quoi qu'il en soit, nous sommes d'avis qu'il doit être maintenu sans modifications.

Mais à ce questionnaire qui se compose de deux parties : État hygiénique, État sanitaire de l'établissement, nous proposons d'en ajouter une troisième qui serait ainsi formulée : État hygiénique des enfants, et en sous-titre : Examen des enfants au point de vue des maladies chroniques et des infirmités congénitales ou acquises.

Viennent ensuite les diverses questions auxquelles il devra être répondu.

De toutes les maladies qui peuvent atteindre l'enfance, celle dont le médecin doit se préoccuper en première ligne est *la Scrofule*. Très répandue dans l'humanité tout entière, elle atteint de préférence les enfants des classes pauvres. L'hérédité en est le premier facteur. Mais l'allaitement artificiel, le sevrage prématuré, une alimentation insuffisante, l'encombrement dans les logements froids, humides, privés d'air et de jour — toutes conditions dans lesquelles se trouvent un trop grand nombre de nos enfants — la produisent de toutes pièces chez les sujets qui avaient échappé à l'influence héréditaire.

La scrofule ne frappe pas seulement l'individu : elle atteint les générations qui se succèdent dans une même famille, et sous forme de scrofuleux ou de tuberculeux elle prive la société d'un grand nombre de membres et lui prépare des charges toujours renouvelées.

Ce qui doit surtout nous intéresser en ce moment, c'est que la scrofule, chez l'enfant, combattue en temps opportun et avant que l'économie tout entière ne soit infectée, est une maladie curable et ce fait seul justifie la question qui devra, la première, être posée au médecin inspecteur :

1° Y a-t-il des enfants qui présentent des signes de scrofule?

La deuxième question sera la suivante :

2° Y a-t-il des enfants qui soient atteints de maladies de la peau?

Les maladies de la peau se rapportent soit à une cause accidentelle et passagère, soit à une prédisposition générale, ce qu'on appelle en médecine une diathèse : dans ce dernier cas, elles sont souvent liées à un état scrofuleux et les considérations que nous avons présentées plus haut leur sont applicables. Les maladies de la peau accidentelles sont le plus souvent la conséquence d'un défaut de soin, d'une malpropreté habituelle : signaler cette origine aux maîtres, aux parents et aux enfants eux-mêmes, ce sera rendre à tous un service de premier ordre (*).

La troisième question sera ainsi formulée :

3° Y a-t-il des enfants qui soient atteints de maladies du cuir chevelu?

Impetigo — Teigne — Pelade.

On pourrait objecter que, dans le questionnaire officiel, en parlant des maladies contagieuses, l'Administration a implicitement indiqué ces diverses maladies.

Les affections du cuir chevelu présentent une telle gravité pour les enfants qui en sont déjà atteints, et un si grand danger pour ceux qui peuvent les contracter au contact de leurs camarades malades, qu'il est indispensable d'insister et de préciser davantage. Par suite d'un oubli singulier, il n'en est d'ailleurs pas fait mention dans les instructions particulières remises entre les mains des médecins inspecteurs.

Les enfants atteints de la teigne sont pour des mois, parfois des années, éloignés des écoles et plus tard des ateliers. La

---

(*) La conséquence obligée serait d'avoir, dans chaque école, un local approprié où il pourrait être procédé d'office au nettoyage des récalcitrants, ou tout au moins un lavabo dans chaque classe.

teigne persistant à l'âge du tirage au sort est un cas de réforme. La question présente donc un intérêt tout à la fois individuel et social. Que dans toutes les écoles les médecins inspecteurs recherchent et poursuivent la teigne, et cette maladie, aujourd'hui si grave mais qui ne se développe que par la contagion, cessera un jour d'exister (*).

4° Maladies des gencives et des dents.

Chez les enfants mal soignés, mal nourris, couchant dans des chambres humides, il se produit, sous le nom de stomatite ulcéro-membraneuse, une affection des gencives extrêmement contagieuse. Un seul enfant peut infecter toute une classe, parfois toute une école.

En dehors de tout état morbide, signaler aux maîtres et aux parents le mauvais état des dents de leurs enfants et la nécessité de les faire soigner, c'est, pour le présent, prévenir un certain nombre d'accidents, et pour l'avenir, c'est préparer aux enfants des digestions faciles et une santé toujours égale. L'examen mensuel des dents est, du reste, compris dans les instructions administratives.

Les questions qui restent à poser se rapportent à des infirmités soit acquises, soit congénitales.

5° Y a-t-il des enfants dont la vision soit anormale? Myopie — presbytie — strabisme.

Reconnaître quels sont les enfants myopes, à quel degré ils le sont et par quels procédés on peut enrayer la progression du mal, c'est assurément un des plus grands services que le médecin inspecteur puisse rendre aux enfants des écoles.

La myopie, qui devient chaque jour plus fréquente, n'est que très exceptionnellement une affection congénitale. Les hommes ne naissent pas myopes, et chez les peuples non civilisés la myopie est aussi rare que chez les nouveau-nés. Elle est le

---

(*) Pour arriver à détruire la teigne, la première condition à remplir sera de donner aux instituteurs le droit d'exiger que tous les enfants aient les cheveux coupés court. Avec des cheveux plus ou moins longs, toute inspection est très difficile, sinon impossible.

résultat des circonstances au milieu desquelles les enfants se trouvent placés. Un éclairage insuffisant, l'habitude d'une attitude vicieuse, le travail de trop près, un trop grand éloignement de l'objet à étudier, produisent et développent la myopie.

Pour s'en convaincre, il suffit de se reporter aux statistiques.

Sur 10,060 enfants Cohn a trouvé :

dans les écoles de village .... 1.4 % de myopes.
    —   élémentaires .... 6.7   —
    —   primaires supérieures.. 7.7   —
    —   moyennes............. 10.3   —
    —   industrielles.......... 19.7   —
dans les lycées...................... 26.2   —
    —   universités................. 59.0   —

La conclusion s'impose : le travail, non surveillé, développe la myopie.

Une des conséquences les plus ordinaires, dans les écoles, de cette infirmité trop souvent méconnue, c'est de faire prendre pour un élève dissipé et paresseux un enfant myope qui ne peut suivre la leçon.

Pour reconnaître la myopie, le procédé est on ne peut plus simple et à la portée de tout le monde, du maître aussi bien que du médecin : c'est de placer dans toutes les classes un tableau *de Snellen*, sur lequel tous les élèves suspects auront à faire une lecture-épreuve.

Les élèves reconnus myopes seront placés près du tableau et de la chaire. S'il y a lieu, ils recevront du médecin des instructions spéciales pour combattre et corriger leur myopie, ou enfin ils seront adressés à un oculiste.

La presbytie est rare chez les enfants : elle serait du reste diagnostiquée à l'aide des mêmes tableaux de Snellen.

Le strabisme n'est souvent que la conséquence de la myopie portant sur un seul œil. S'il est produit par une contracture musculaire, le médecin rendra encore un grand service en conseillant une opération qui, pratiquée tardivement, ne donnerait plus des résultats satisfaisants.

6° Y a-t-il des enfants dont l'audition soit défectueuse d'une ou des deux oreilles.

Certaines considérations que nous venons de présenter au sujet de la myopie s'appliquent encore plus à la surdité. Un enfant dissipé et paresseux n'est souvent qu'un enfant sourd qui ne peut s'intéresser à une leçon qu'il n'entend pas. Pour faire de lui un bon élève, il suffira de le rapprocher du professeur.

La surdité est une infirmité très fréquente.

En 1885 le docteur Gellé a constaté que dans les écoles de la Ville de Paris la proportion des enfants plus ou moins sourds était de 22 0/0.

L'infirmité abandonnée à elle-même ne fait généralement que s'accroître.

Quand une rapide inspection de l'organe ne fera pas reconnaître immédiatement soit une otorrhée, soit l'hypertrophie des amygdales, soit tout autre lésion aussi apparente, une dictée épreuve faite par le maître et l'examen de l'audition pratiqué par le médecin ou par le maître, à l'aide d'une montre ordinaire, trancheront la question.

7° Attitudes scolaires vicieuses et déformations du thorax ;

A l'âge de la puberté, les os, encore mous, principalement ceux du thorax, prennent toutes les directions qu'on leur imprime. Qu'une jeune fille de 12 ou 13 ans contracte, en écrivant, l'habitude de se courber d'une manière exagérée, de s'asseoir de travers, de surélever l'épaule droite, de pencher la tête sur l'épaule gauche : qu'on l'examine dans la station debout, et l'on constate que les épaules ne sont pas au même niveau, que la hanche droite est plus élevée que la hanche gauche, que la tête reste légèrement inclinée, que le ventre fait une saillie antérieure, que les reins sont excavés.

Dans la plupart des cas, ces déformations ne sont pas

irrémédiables : elles le deviennent à coup sûr chez les enfants prédisposés au rachitisme.

Pour prévenir ces accidents, que le médecin inspecteur passe en revue une classe à l'heure de la dictée ou de la leçon d'écriture, et qu'il signale à la maîtresse les élèves dont elle devra ensuite surveiller et corriger les attitudes : qu'il appelle sur elles l'attention de la Directrice et du professeur de gymnastique et il obtiendra le redressement de toutes ces tailles déviées (*).

Messieurs, par ces diverses questions, nous croyons avoir passé en revue tous les points sur lesquels devra se porter l'attention des médecins inspecteurs.

En résumé nous proposons d'ajouter au questionnaire administratif une troisième partie ainsi composée :

État hygiénique des enfants.

Examen des enfants au point de vue des maladies chroniques et des infirmités congénitales ou acquises.

1° Y a-t-il des enfants qui présentent des signes de scrofule ;

2° Y a-t-il des enfants qui soient atteints de maladies de la peau ;

3° Y a-t-il des enfants qui soient atteints de maladies du cuir chevelu — Impétigo, Teigne, Pelade ;

4° Maladies des gencives et des dents ;

5° Y a-t-il des enfants dont la vision soit anormale : Myopie, Presbytie, Strabisme. — Recherches à l'aide du tableau de Snellen ;

6° Y a-t-il des enfants dont l'audition soit défectueuse de l'une ou des deux oreilles ? Recherches à l'aide de la montre et d'une dictée-épreuve.

7° Attitudes scolaires vicieuses et déformations du thorax.

Messieurs, avant de terminer ce rapport, je désire aller au

(*) En dehors des cours réguliers de gymnastique, toute leçon devrait être suivie d'exercices de gymnastique de chambre, sans appareils, bien entendu, et obligatoires pour tous les élèves. Ces exercices dureraient environ dix minutes chaque fois. Ils seraient dirigés par les maîtres et maîtresses des classes. Ils consisteraient en élévations, flexions, rotations, extensions des membres, en courbures et redressements du tronc, en respirations profondes méthodiquement répétées. Ces exercices donneraient satisfaction au besoin de mouvement qui tourmente l'enfant, et plus efficacement que tout autre procédé combattraient les inconvénients qui résultent des attitudes vicieuses prises pendant les classes.

devant d'une objection qui s'est déjà peut-être présentée à vos esprits : les médecins inspecteurs des écoles auront-ils matériellement le temps de satisfaire au programme que nous proposons? Je n'hésite pas à répondre affirmativement.

A chacun d'eux a été attribué un lot de 1,000 enfants. Un millier d'examens individuels et spéciaux est assurément une tâche considérable. Mais comme à part un petit nombre de mutations, les enfants restent pendant longtemps les mêmes dans chaque division médicale, la tâche ne sera en réalité considérable qu'au début de l'entrée en fonctions, et, une fois le premier examen fait, pour la plupart des questions soulevées, les résultats acquis resteront définitifs. Il n'y aura de nouveaux examens que pour les nouveaux élèves.

En second lieu les médecins inspecteurs ont sous la main des aides naturels qui leur prêteront le plus intelligent concours : ce sont les maîtres et les maîtresses.

Les 1,000 élèves se divisent pour le moins en 20 classes : ils ont donc pour les suivre, les observer, les étudier chaque jour, 20 maîtres ou maîtresses et les directeurs et les directrices en plus.

Sans compter sur un dévouement ni une perspicacité quasi maternels, l'Administration sait aujourd'hui, par expérience, que les maîtres et les maîtresses apportent dans l'accomplissement de leurs devoirs un zèle très réel. Que les médecins inspecteurs éveillent l'attention de ces maîtres sur les points que nous avons signalés, qu'ils leur indiquent les moyens de s'éclairer, et les jours de visites ils trouveront leurs rapports en grande partie tout préparés.

Telles sont, Messieurs, les propositions que nous avons cru devoir vous soumettre et les raisons qui nous ont semblé pouvoir vous les faire agréer.

Docteur J. DUBRISAY
Délégué cantonal.

Ye

2609s